www.tredition.de

AF196187

sabine voshage

kuchen, brot und co mit dinkel

von der donauwelle bis zum vollkornbrot

www.tredition.de

© 2017 sabine voshage

Verlag: tredition GmbH, Hamburg

ISBN
Paperback: 978-3-7439-5088-7
Hardcover: 978-3-7439-5089-4
e-Book: 978-3-7439-5090-0

Printed in Germany

Vorwort

Ich freue mich sehr, dass Sie den Weg zu mir gefunden haben. Wer mich kennt weiß, dass meine Rezepte nicht nur die Verwendung von Dinkelmehl als gesundheitsfördernde Maßnahme enthalten, sondern noch viel mehr.

Wenn Sie die Rezepte so umsetzen wie beschrieben, können Sie sagen: „Ich kann jetzt gesunden Kuchen backen, der genauso lecker ist wie ungesunder". Oder vielleicht noch leckerer? Das müssen Sie selbst entscheiden.

Ein gut funktionierender Säure-Basen-Haushalt ist der Grundstein für einen perfekten Organismus. Demzufolge verwende ich nur Zutaten, die im Einklang damit stehen. Wer mit dieser Thematik nicht vertraut ist, wird aber dennoch keine Probleme haben. Zum einen erläutere ich immer alles sehr verständlich und zum anderen biete ich auch immer die ungesunden Alternativen mit an, für Diejenigen, denen das nicht so wichtig ist. Auf jeden Fall müssen Sie keine Angst haben, so viel Ungewohntes kommt nicht.

Eins haben wir auf jeden Fall gemeinsam. Wir wollen leckeren Kuchen, Brot und Co essen und das biete ich Ihnen in diesem Buch. Auch die Ungeübten unter Ihnen werden dank der ausführlichen Erklärungen und Tipps gut mit der Ausführung der Rezepte klarkommen. Deswegen möchte ich an dieser Stelle die Profis unter Ihnen um Nachsicht bitten, wenn manchmal etwas zu genau beschrieben ist.

Genauso verhält es sich mit den Tipps, die sich durchaus wiederholen müssen. Ich halte keinen von Ihnen für vergesslich, aber ich weiß auch, dass keiner das Rezeptbuch in Reihenfolge durcharbeitet. Deswegen kann ich auch nicht schreiben, Sie kennen das ja bereits von Seite „Soundso".

Nun genug der Reden, jetzt soll es ja losgehen!

So backen Sie gesunden Kuchen!

Gesunden Kuchen, den man jeden Tag ohne Reue essen kann! Welcher Kuchenfreak träumt nicht davon?

Wie das geht, erkläre ich Ihnen jetzt. Alle Lebensmittel, die es gibt, werden unterteilt in basische und gute und schlechte Säurebildner. Anhand von Messungen wird so etwas festgestellt und in die dementsprechende Kategorie einsortiert. Basische und gute säurebildende Lebensmittel sind gesund, während die schlechten Säurebildner sehr ungesund sind.

Ich verwende bei allen meinen Rezepten nur die gesunden Lebensmittel mit ganz wenigen Ausnahmen. Eine Ausnahme ist ab und zu ein bisschen Alkohol für einen besseren Geschmack. Die zweite ist der Zucker im Hefeteig. Der Birkenzucker (=Xylit), den ich sonst ausschließlich verwende, darf nicht in Verbindung mit der Hefe kommen, da er die Hefebakterien abtöten würde. Obendrauf auf den Zuckerkuchen darf er aber schon, da passiert nichts.

Damit wären wir bei den gesunden Süßungsmitteln. Ich verwende Xylit, den ich mit Xucker in den Rezepten bezeichne. Klingt schöner. Xylit tötet nicht nur Hefebakterien ab, sondern auch Kariesbakterien. Er hat 40% weniger Kalorien wie normaler Zucker und ist für Diabetiker sehr gut geeignet. Ein weiteres gesundes Süßungsmittel, das ich verwende, ist der Kokosblütenzucker und -sirup, der ebenfalls super für Diabetiker ist. Stevia ist das gesündeste Süßungsmittel überhaupt was es gibt, da aber kein Kuchen mit Stevia schmeckt, nehme ich den nur für den Hefeteig zum richtigen Zucker mit dazu. **Sie können für alle Rezepte auch herkömmlichen Zucker verwenden, wenn Sie keinen Wert auf gesunde Süßungsmittel legen. Einfach 1:1 austauschen und Honig statt Kokosblütensirup nehmen.**

Damit kämen wir zum nächsten Punkt, dem Mehl. Ich verwende Dinkelmehl Type 630 für Kuchen und Type 1050 für Brötchen und Brot.

Das Dinkelvollkornmehl nehme ich fast ausschließlich für Brötchen und Brot, habe aber auch einen Kuchen mit dabei. Die weiteren Mehle, die ich noch verwende, sind allesamt glutenfrei. Da wären einmal das Lupinenmehl, Mandelmehl und Erdmandelmehl, die obendrein noch basisch sind, was für den Körper perfekt ist (siehe Seite 18). Buchweizen- und Braunhirsemehl, die ich auch noch verwende, gehören zu den guten säurebildenden Lebensmitteln. **Sie können diese Mehle aber auch problemlos mit Dinkelmehl 1:1 ersetzen.**

Milch und Milchprodukte gehören zu den schlechten Säurebildnern und sind überaus ungesund für die Ernährung. Ich weiß, dass jetzt einige von Ihnen aus allen Wolken fallen, wenn sie das lesen, aber es ist leider wahr. Diese Produkte rauben Ihrem Körper Calcium statt es ihm zu geben, wie die Meisten der Meinung sind. Das genau zu erklären führt an dieser Stelle zu weit, denn Sie haben ja mein Rezeptbuch gekauft und nicht meinen Gesundheits- und Ernährungsratgeber. Zwei Ausnahmen gibt es zum Glück, ansonsten wäre das Backen schwierig. Sahne und Butter werden als neutral eingestuft und können deswegen prima verwendet werden. Nun wissen Sie auch gleich, warum Sie in meinen Rezepten keine Milch finden werden. Wer bei Butter jetzt an die gesättigten Fettsäuren und das Cholesterin denkt, braucht sich nicht zu fürchten. Auch hier gibt es einige Mythen, denn gesättigte Fettsäuren verbessern den Cholesterinquotienten und senken die Blutfettwerte.

Kokosfett werden Sie bei einigen Rezepten auch finden. Kokosfett ist geschmacksneutral, während Kokosöl nach Kokos schmeckt. Es ist aber ratsam, sich ein gutes Kokosfett aus dem Internet zu bestellen und nicht im Supermarkt zu den allseits bekannten Fettblöcken zu greifen. Gutes Kokosfett und -öl ist ganz leicht verdaulich, fördert das Abnehmen, ist ein gesundheitlicher Allrounder und wird sogar für Krebstherapien eingesetzt.

Kommen wir nun zum Salz. Ich verwende zum Backen nur Himalayasalz. Von normalen Speisesalz kann ich Ihnen aus gesundheitlichen Gründen nur dringend abraten.

Nützliche Tipps

Wer von Ihnen schon Erfahrungen mit Dinkelmehl gemacht hat weiß, dass ein Weizenmehl-Rezept nicht 1:1 mit Dinkelmehl ersetzt werden kann. Dinkel hat ein anderes Gluten wie Weizen und das ist der Grund, weshalb Dinkel trocken backt und der Teig nicht so elastisch ist. Ich verwende deswegen mehr Flüssigkeit und Fett.

Beim Kneten entwickelt sich das Gluten-Netzwerk. Knetet man zulange, zerfällt es wieder. Weizenmehl ist da ganz unproblematisch, während man bei Dinkelmehl sehr aufpassen muss. Hefeteig und Brötchenteig knete ich grundsätzlich mit der Hand, da die Knethaken vom Mixer das Gluten-Netzwerk zerstören. Den Brotteig stelle ich in einer großen Küchenmaschine her und diese Maschinen haben immer nur einen großen Knethaken im Gegensatz zum Mixer. Die anderen Kuchenteige, für die Rührstäbe verwendet werden müssen, können mit dem Mixer gemacht werden. Auf jeden Fall sollten Sie Einweghandschuhe im Haus haben, denn damit knetet es sich besser.

Bei den Brötchen- und Brotrezepten stellen Sie bitte keine Schale Wasser mit hinein. Dinkelgebäckwaren brauchen das nicht!

Backen Sie niemals einen Kuchen ohne Salz, Vanillepulver und Zitronenabrieb. Sie werden den Unterschied schmecken.

Den Xylit gibt es nicht als Puderzucker und muss deshalb selber gemahlen werden. Ich nehme dazu eine Kaffeemühle.

Bei den Backeinstellungen bin ich davon ausgegangen, dass die Mehrheit einen Backofen mit Ober- Unterhitze **und** Heißluftfunktion hat. Demzufolge habe ich meine Angaben auf das beste Backergebnis ausgerichtet. Das betrifft auch die manchmal krummen Backzeiten.

Die Kuchen, Brötchen und Brote können alle, bis auf die Erdbeer-Biskuit-Schnitten, eingefroren werden.

Und nun wünsche ich Ihnen gutes Gelingen und guten Appetit!

Bilder Kapitel I

Rotwein-Topfkuchen

Eierlikör-Topfkuchen

Amerikaner

Schwedischer Apfelbisquit

Rotwein-Topfkuchen

Zutaten für eine Springform mit Rohrboden

250 g weiche Butter

170 g Xucker

3 Prisen Salz

4 Eier

Abrieb von einer Zitrone

½ TL Vanillepulver

4 TL Kakaopulver, 1 Prise Zimt

265 g Dinkelvollkornmehl

65 g Lupinenmehl

1 Pck. Backpulver

100 g gemahlene Haselnüsse

200 ml lieblicher Rotwein

3 EL Weinbrand, 4 EL Haselnusslikör

Anleitungen

Butter schaumig rühren bis sie Spitzen zieht. Erst Xucker und Salz, dann Eier einzeln unterrühren.

Zitronenabrieb, Vanillepulver, Kakaopulver und Zimt dazugeben und ebenfalls verrühren. Mehl, Backpulver und Haselnüsse mischen und abwechselnd mit dem Alkohol kurz unterrühren.

Teig in die gefettete Form geben und auf einem Rost im vorgeheizten Backofen bei 160°C Heißluft ca. 47 Minuten backen.

Erst gut auskühlen lassen und dann aus der Form stürzen.

Eierlikör-Topfkuchen

Zutaten für eine Springform mit Rohrboden

5 Eier

180 g Puderxucker

2 Prisen Salz

½ TL Vanillepulver

250 g Kokosfett (alternativ ungesundes geschmacksneutrales Öl)

250 ml Eierlikör

200 g Dinkelmehl 630

15 g Lupinenmehl

35 g Buchweizenmehl

1 Pck. Backpulver

Anleitungen

Kokosfett zerlassen, es darf aber nicht zu warm sein.

Eier 5 Minuten lang cremig aufschlagen. Puderxucker, Salz und Vanillepulver dazugeben und unterrühren. Erst das Kokosfett und dann den Eierlikör unterrühren. Mehl und Backpulver mischen, auf die Masse sieben und ebenfalls gut unterrühren.

Teig in die gefettete Form geben und auf einem Rost im vorgeheizten Backofen bei 160°C Heißluft ca. 45 Minuten backen.

Erst gut auskühlen lassen und dann aus der Form stürzen. Falls noch etwas zum Einfrieren übrigbleibt, können Sie das gerne tun. Kurz in die Mikrowelle geben, schmeckt wie frisch aus dem Ofen.

Amerikaner

Zutaten für 18 Stück

Teig:

250 g weiche Butter

150 g Xucker

5 Prisen Salz

Abrieb von einer Zitrone

½ TL Vanillepulver

4 Eier

310 g Dinkelmehl 630

40 g Lupinenmehl

1 Pck. Backpulver

80 ml Sahne

80 ml Wasser

Guss:

200 g Puderxucker

2 TL Zitronensaft

30 ml Wasser

Anleitungen

Butter schaumig rühren bis sie Spitzen zieht. Erst Xucker, Salz, Zitronenabrieb und Vanillepulver und als nächstes die Eier einzeln unterrühren. Mehl und Backpulver mischen und abwechselnd mit der Flüssigkeit kurz unterrühren.

Backbleche mit Backpapier auslegen und je 9 Teighaufen darauf geben. Diese müssen eng zusammengeschoben werden, da die Amerikaner sonst zu breit laufen. Bleche nacheinander im vorgeheizten Backofen bei 200°C Ober- Unterhitze ca. 13 Minuten backen.

Die Amerikaner vorsichtig vom Blech nehmen und auskühlen lassen. Der Teig ist sehr weich, wenn er heiß ist, wird aber fest.

Zutaten für den Guss verrühren und die erkalteten Amerikaner damit bestreichen.

Schwedischer Apfelbiskuit

Zutaten für ein Blech

125 g Butter

25 ml Sahne

100 ml Wasser

1 kg Äpfel (Elstar, nicht zu große)

4 Eiweiße, 2 EL kaltes Wasser

4 Eigelbe, 2 EL heißes Wasser

150 g Puderxucker

2 Prisen Salz

Abrieb von einer Zitrone

½ TL Vanillepulver

280 g Dinkelmehl 630

20 g Lupinenmehl

1 Pck. Backpulver

10 g Xucker, 1 gestr. TL Zimt

80 g gehackte Mandeln

Puderxucker zum Bestreuen

Anleitungen

Butter in der Sahne und dem Wasser zerlassen und danach aufkochen und abkühlen lassen. Äpfel schälen und in 2-3 mm breite Spalten schneiden.

Eiweiße mit kaltem Wasser sehr steif schlagen. Wenn man mit einem Messer einen Schnitt im geschlagenen Eiweiß sieht, ist es steif genug.

Eigelbe mit heißem Wasser, Puderxucker, Salz, Zitronenabrieb und Vanillepulver sehr cremig rühren. Das dauert ungefähr 4 Minuten.

Die noch warme Sahnebutter portionsweise in die Eiermasse laufen lassen und dabei gut unterrühren. Nun wird der Eischnee mit einem Handschneebesen vorsichtig untergehoben. Mehl und Backpulver mischen, auf die Masse sieben und auch mit einem Handschneebesen vorsichtig unterheben.

Teig auf ein mit Backpapier ausgelegtes Blech streichen. 7 Reihen Apfelspalten stecken. Xucker und Zimt vermischen. Kuchen erst mit Zimtxucker und danach mit Mandeln bestreuen.

Im vorgeheizten Backofen bei 175°C Heißluft ca. 22 Minuten backen.

Den abgekühlten Kuchen mit Puderxucker bestreuen.

Wie bekommt man einen guten Hefeteig?

Mein Hefeteig kriecht mir jedes Mal aus der Schüssel, so irre geht er auf. Der Kuchen ist immer sehr hoch und wahnsinnig fluffig. Ich habe mich oft gefragt, woran das liegt? Zumal ich so oft von anderen höre, Hefeteig bekommen sie nicht hin.

Ich glaube das Geheimnis liegt an der einfachen Methode, die ich mir im Laufe der Jahre entwickelt habe. Wenn ich so an meine ersten süßen Brötchen denke, die hätte ich auch als Briefbeschwerer nehmen können. Ich verrate Ihnen jetzt, wie Sie vorgehen müssen.

Heizen Sie Ihren Backofen auf 50°C Ober- Unterhitze vor und stellen ihn wieder aus. Nehmen Sie eine Hefeteigschüssel mit Deckel und geben die Flüssigkeit hinein. **Die Flüssigkeit (Sahne) und Hefe direkt aus dem Kühlschrank nehmen!** Das Wasser normal aus der Leitung. Nun bröseln Sie die frische Hefe hinein und schwenken das Ganze ein bisschen um. Deckel drauf und auf den Rost für 1 Stunde in den Ofen stellen. Das war es, mehr nicht. Nehmen Sie immer nur frische Hefe, keine getrocknete, denn den Unterschied schmeckt man.

Wenn die Stunde um ist, kommt auf ein bisschen mehr oder weniger nicht an, nehmen Sie die Schüssel heraus, rühren das Ganze um und geben die Zutaten hinein. Verkneten, nochmal gehen lassen und dann verarbeiten. Ist doch einfach, oder?

Da wir ja Dinkelhefeteig und kein Weizenhefeteig haben, müssen Sie sich vom Kneten auf der Arbeitsplatte verabschieden. Mein Teig rinnt einem förmlich durch die Hände, was es allerdings einfach macht, ihn gleichmäßig auf dem Blech zu verteilen. Das liegt an der vielen Flüssigkeit und dem Fett. Lassen Sie sich dadurch nicht abschrecken, das Ergebnis wird Sie überzeugen. Ich finde, es gibt nichts Schlimmeres wie einen trockenen Zucker- oder Streuselkuchen, den man einstippen muss, um nicht zu ersticken.

Bilder Kapitel II

Zuckerkuchen

Streuselkuchen

Mohnkuchen

Zwetschgenkuchen

Zuckerkuchen

Zutaten für ein Blech

Teig:

50 ml Sahne

225 ml Wasser

1 Würfel Hefe

5 g Stevia

50 g Zucker

2 g Salz

Abrieb von einer Zitrone

½ TL gemahlene Vanille

1 Ei

500 g Dinkelmehl 630

125 g sehr weiche Butter

Belag:

50 g Butter

60 g Xucker

Sahne zum Bepinseln

Anleitungen

Backofen auf 50°C Ober- Unterhitze vorheizen und wieder ausschalten. Sahne und Wasser in eine Hefeteigschüssel geben und die Hefe hineinbröseln. Schüssel zugedeckt für 60 Minuten in den Ofen stellen.

Herausnehmen und die restlichen Zutaten bis auf die Butter dazugeben und mit der Hand verkneten. Wichtig ist noch, dass Dinkelteige immer von außen nach innen geknetet werden. Sie können auch einen

Teigschaber zur Hilfe nehmen. Wenn alles gut verknetet ist, wird die Butter dazu gegeben und ebenfalls in den Teig eingearbeitet.

Den Backofen erneut auf 50°C Ober- Unterhitze vorheizen und wieder ausstellen. Die Schüssel zugedeckt 30 Minuten in den Ofen stellen.

Nun müsste der Teig gut gegangen sein und kann verarbeitet werden. Teig nochmals gut durchkneten und auf ein Blech geben. Der Teig ist extrem fettig und wird mehr oder weniger auf das Blech geschüttet. Wundern Sie sich nicht, das ist alles richtig so. Verteilen sie ihn mit den Händen gleichmäßig und stechen ihn dann mit einer Gabel mehrfach ein.

Nun verteilen Sie die Butter in Flocken und drücken sie gleich ein wenig in den Teig. Xucker darüberstreuen und nochmal ca. 10 Minuten gehen lassen, bis sich die Größe fast verdoppelt hat.

Im vorgeheizten Backofen bei 200°C Ober-Unterhitze ca. 14 Minuten backen.

Den noch heißen Kuchen mit Sahne bepinseln und auf dem Blech auskühlen lassen.

Danach nochmal mit etwas Xucker bestreuen. Der Xylit hat andere Backeigenschaften wie richtiger Zucker und ist nach dem Backen nicht mehr zu sehen, aber noch zu schmecken. Deswegen nur etwas Xucker für die Optik.

*Ich stelle mir selber Vanille-Xucker her. Dafür einfach nur Vanille-Schoten in Xucker legen und das Ganze mindestens 14 Tage durchziehen lassen. Ich verwende den V-Xucker überall dort, wo ich Vanillegeschmack ohne sichtbare schwarze Vanille-Pünktchen möchte, wie z.B. beim Zuckerkuchen obendrauf.

Streuselkuchen

Zutaten für ein Blech

Teig:

50 ml Sahne

225 ml Wasser

1 Würfel Hefe

5 g Stevia

50 g Zucker

2 g Salz

Abrieb von einer Zitrone

½ TL gemahlene Vanille

1 Ei

500 g Dinkelmehl 630

125 g sehr weiche Butter

Streusel:

150 g harte Butter

300 g Dinkelmehl 630

100 g Xucker

2 Prisen Salz

4 Prisen Zimt

Abrieb von 2 Zitronen

(1 Eigelb mit 1 EL Sahne) kommt aber nicht in die Streusel!

Anleitungen

Backofen auf 50°C Ober- Unterhitze vorheizen und wieder ausschalten. Sahne und Wasser in eine Hefeteigschüssel geben und die Hefe hinein-bröseln. Schüssel zugedeckt für 60 Minuten in den Ofen stellen.

Herausnehmen und die restlichen Zutaten bis auf die Butter dazugeben und mit der Hand verkneten. Wichtig ist noch, dass Dinkelteige immer von außen nach innen geknetet werden. Sie können auch einen Teigschaber zur Hilfe nehmen. Wenn alles gut verknetet ist, wird die Butter dazu gegeben und ebenfalls in den Teig eingearbeitet.

Den Backofen erneut auf 50°C Ober- Unterhitze vorheizen und wieder ausstellen. Die Schüssel zugedeckt 30 Minuten in den Ofen stellen.

Für die Streusel alle Zutaten in eine Schüssel geben und mit den Knet-haken auf höchster Stufe verkneten. Das dauert ein paar Minuten, bis es Streusel werden. Danach die Streusel kaltstellen.

Nun müsste der Teig gut gegangen sein und kann verarbeitet werden. Teig nochmals gut durchkneten und auf ein Blech geben. Der Teig ist extrem fettig und wird mehr oder weniger auf das Blech geschüttet. Wundern Sie sich nicht, das ist alles richtig so. Verteilen sie ihn mit den Händen gleichmäßig und stechen ihn dann mit einer Gabel mehrfach ein.

Nun verrühren Sie das Eigelb mit der Sahne und pinseln den Teig damit ein. So fallen die Streusel nach dem Backen nicht herunter. Verteilen Sie die Streusel gleichmäßig und lassen den Teig nochmal ca. 10 Minu-ten gehen, bis sich die Größe fast verdoppelt hat.

Im vorgeheizten Backofen bei 200°C Ober-Unterhitze ca. 22 Minuten backen.

Den Kuchen auf dem Blech auskühlen lassen.

Mohnkuchen

Zutaten für eine Fettpfanne

<u>Teig</u>:

50 ml Sahne

225 ml Wasser

1 Würfel Hefe

5 g Stevia

50 g Zucker

2 g Salz

Abrieb von einer Zitrone

½ TL gemahlene Vanille

1 Ei

500 g Dinkelmehl 630

125 g sehr weiche Butter

<u>Mohnmasse</u>:

150 g Butter

250 ml Sahne

250 ml Wasser

160 g Xucker

1 TL Vanillepulver

Abrieb von 2 Zitronen

7 g Salz

400 g gemahlener Mohn

2 Eier

100 g Rosinen

je 3 EL Rum und Amaretto

10 Tropfen Bittermandelaroma

Streusel:

75 g harte Butter

150 g Dinkelmehl 630

50 g Xucker

1 Prise Salz

2 Prisen Zimt

Abrieb von einer Zitrone

Anleitungen

Backofen auf 50°C Ober- Unterhitze vorheizen und wieder ausschalten. Sahne und Wasser in eine Hefeteigschüssel geben und die Hefe hinein-bröseln. Schüssel zugedeckt für 60 Minuten in den Ofen stellen.

Nun stellen Sie die Mohnmasse her. Butter, Sahne, Wasser, Xucker, Va-nillepulver, Abrieb der Zitronen und Salz in einen Topf geben und lang-sam erhitzen, bis die Butter geschmolzen ist. Den Mohn dazugeben und unter ständigem Rühren kurz aufkochen lassen. Die Masse auf 60°C ab-kühlen und dann Eier, Rosinen, Alkohol und Aroma unterrühren.

Jetzt wird der Teig weiterverarbeitet. Schüssel aus dem Ofen nehmen und die restlichen Zutaten bis auf die Butter dazugeben und mit der Hand verkneten. Wichtig ist noch, dass Dinkelteige immer von außen nach innen geknetet werden. Sie können auch einen Teigschaber zur Hilfe nehmen. Wenn alles gut verknetet ist, wird die Butter dazu gege-ben und ebenfalls in den Teig eingearbeitet.

Den Backofen erneut auf 50°C Ober- Unterhitze vorheizen und wieder ausstellen. Die Schüssel zugedeckt 30 Minuten in den Ofen stellen.

Für die Streusel alle Zutaten in eine Schüssel geben und mit den Knethaken auf höchster Stufe verkneten. Das dauert ein paar Minuten, bis es Streusel werden. Danach die Streusel kaltstellen.

Nun müsste der Teig gut gegangen sein und kann verarbeitet werden. Teig nochmals gut durchkneten und auf eine Fettpfanne geben. Der Teig ist extrem fettig und wird mehr oder weniger auf das Blech geschüttet. Wundern Sie sich nicht, das ist alles richtig so. Verteilen sie ihn mit den Händen gleichmäßig und stechen ihn dann mit einer Gabel mehrfach ein.

Verteilen Sie die Mohnmasse gleichmäßig und streuen die Streusel darüber. Lassen Sie den Teig nochmal ca. 15 Minuten gehen. Bei diesem Kuchen können Sie allerdings durch die Mohnmasse nicht sehen, ob er genug gegangen ist. Wenn der Hefeteig aber vorher gut in der Schüssel gegangen ist, passen die 15 Minuten.

Im vorgeheizten Backofen bei 200°C Ober-Unterhitze ca. 27 Minuten backen.

Den Kuchen auf dem Blech auskühlen lassen.

Zwetschgenkuchen

Zutaten für eine Fettpfanne

Teig:

50 ml Sahne

225 ml Wasser

1 Würfel Hefe

5 g Stevia

50 g Zucker

2 g Salz

Abrieb von einer Zitrone

½ TL gemahlene Vanille

1 Ei

500 g Dinkelmehl 630

125 g sehr weiche Butter

Belag:

1300 g Zwetschgen (ca. 30 Stück)

60 g gemahlene Mandeln

15 g Xucker

1 Prisen Salz

50 - 100 g Xucker zum Bestreuen nach dem Backen!

Streusel:

75 g harte Butter

150 g Dinkelmehl 630

50 g Xucker

1 Prise Salz

2 Prisen Zimt

Abrieb von einer Zitrone

Anleitungen

Backofen auf 50°C Ober- Unterhitze vorheizen und wieder ausschalten. Sahne und Wasser in eine Hefeteigschüssel geben und die Hefe hineinbröseln. Schüssel zugedeckt für 60 Minuten in den Ofen stellen.

Nun können Sie schon einmal die Zwetschgen waschen, entkernen und in längliche Viertel schneiden. Diese decken Sie dann mit Frischhaltefolie ab.

Jetzt wird der Teig weiterverarbeitet. Schüssel aus dem Ofen nehmen und die restlichen Zutaten bis auf die Butter dazugeben und mit der Hand verkneten. Wichtig ist noch, dass Dinkelteige immer von außen nach innen geknetet werden. Sie können auch einen Teigschaber zur Hilfe nehmen. Wenn alles gut verknetet ist, wird die Butter dazu gegeben und ebenfalls in den Teig eingearbeitet.

Den Backofen erneut auf 50°C Ober- Unterhitze vorheizen und wieder ausstellen. Die Schüssel zugedeckt 30 Minuten in den Ofen stellen.

Für die Streusel alle Zutaten in eine Schüssel geben und mit den Knethaken auf höchster Stufe verkneten. Das dauert ein paar Minuten, bis es Streusel werden. Danach die Streusel kaltstellen.

Nun müsste der Teig gut gegangen sein und kann verarbeitet werden. Teig nochmals gut durchkneten und auf eine Fettpfanne geben. Der Teig ist extrem fettig und wird mehr oder weniger auf das Blech geschüttet. Wundern Sie sich nicht, das ist alles richtig so. Verteilen sie ihn mit den Händen gleichmäßig und stechen ihn dann mit einer Gabel mehrfach ein.

Nun streuen Sie die Hälfte der gemahlenen Mandeln auf den Teig. Diese saugen die Flüssigkeit von den Zwetschgen auf und der Kuchen weicht nicht durch. Jetzt stecken Sie 7 Reihen Zwetschgenviertel in den Teig. Danach mit den restlichen Mandeln bestreuen. Xucker und Salz mischen und ebenfalls darüberstreuen.

Verteilen Sie nun die Streusel und lassen den Teig nochmal ca. 10 Minuten gehen, bis sich die Größe fast verdoppelt hat.

Im vorgeheizten Backofen bei 200°C Ober-Unterhitze ca. 33 Minuten backen.

Herausnehmen und noch im warmen Zustand, je nachdem wie sauer die Zwetschgen sind, mit der angegebenen Xucker-Menge bestreuen. Es ist nur wichtig, dass Sie nicht mehr Xucker wie angegeben vor dem Backen aufstreuen, damit die Zwetschgen nicht zu viel Wasser ziehen.

Den Kuchen auf dem Blech auskühlen lassen. Auch Zwetschgenkuchen können Sie prima einfrieren.

Diese Produkte sind eine Erklärung wert!

Das Lupinenmehl, das meist unter der Bezeichnung Lupinenprotein verkauft wird, schmeckt leicht nussig und hat eine gelbe Farbe. Beim Backen können 10 - 15 % der Gesamt-Mehlmenge durch Lupinenmehl ersetzt werden. Das Lupinenprotein ist die einzige **basische** Eiweißquelle mit einem vollständigen Aminosäureprofil und kann somit andere Eiweißquellen vervollständigen. Deswegen nehme ich beim Backen, bis auf wenige Ausnahmen, immer etwas Lupinenmehl mit dazu. Die Lupine enthält wenig Fett und Kohlenhydrate, viele Ballaststoffe, sehr viele Mineralstoffe, Vitamine, sekundäre Pflanzenstoffe und Antioxidantien.

Mandelmehl wird aus blanchierten Mandeln, die zusätzlich noch entölt werden, hergestellt. Im Internet erhältlich, aber Achtung, viele Hersteller verkaufen einfach gemahlene Mandeln als Mandelmehl. Echtes Mandelmehl hat so um die 14 % Fett, während gemahlene Mandeln 54 % haben. Mandelmehl ist eines der wenigen Mehle die basisch sind, hat sage und schreibe 50 % Eiweiß und einen sehr hohen Ballaststoffanteil.

Agar Agar ist ein geschmacksneutrales Geliermittel, welches aus den Zellwänden einiger Algenarten hergestellt wird. Zum einen ist es ein pflanzliches Geliermittel, denn Gelatine wird aus den Knorpeln und Knochen von Tieren gemacht. Zum anderen ist es viel unkomplizierter anzuwenden und hat eine weitaus bessere Gelierkraft.

Yaconsirup schmeckt ähnlich wie Honig und ist etwas dünnflüssiger. Da die Yaconwurzel einen hohen Anteil an süß schmeckenden löslichen Ballaststoffen hat, erhöht Yacon weder den Blutzuckerspiegel noch das Gewicht. Somit ist Yacon für Diabetiker geeignet, fördert die Darmgesundheit, hilft beim Abnehmen und enthält obendrein noch Mineralstoffe.

Bilder Kapitel III

Erdbeer-Biskuit-Schnitten

Donauwelle

Frankfurter Kranz Muffins

Schwarzwälder Kirschtört-chen

Erdbeer-Biskuit-Schnitten

Zutaten für eine eckige Springform (36 x 24 cm)

1 - 1,2 kg frische Erdbeeren (je nachdem wie hoch es belegt werden soll)

<u>Teig</u>:

4 Eiweiße, 2 EL kaltes Wasser

4 Eigelbe, 2 EL heißes Wasser

130 g Puderxucker

2 Prisen Salz

Abrieb von 2 Zitronen

½ TL Vanillepulver

110 g Dinkelmehl 630, 10 g Lupinenmehl

1 TL Backpulver

<u>Guss</u>:

500 g frische Erdbeeren

150 g Xucker

150 ml Wasser

¼ TL Salz

4 g Agar Agar

Anleitungen

<u>Teig</u>:

Die Springform mit Backpapier auslegen, auch am Rand.

Eiweiße mit kaltem Wasser sehr steif schlagen. Wenn man mit einem Messer einen Schnitt im geschlagenen Eiweiß sieht, ist es steif genug.

Eigelbe mit heißem Wasser, Puderxucker, Salz, Zitronenabrieb und Vanillepulver sehr cremig rühren. Das dauert ungefähr 4 Minuten.

Eischnee zur Eigelbmasse geben und mit dem Handschneebesen vorsichtig unterheben. Mehl und Backpulver mischen, auf die Masse sieben und auch mit einem Handschneebesen vorsichtig unterheben.

Teig gleichmäßig in der Form verteilen, diese auf einen Rost stellen und im vorgeheizten Backofen bei 180°C Heißluft für 20 Minuten backen.

Nach dem Backen sofort aus der Form stürzen, Backpapier abziehen und auf dem Rost auskühlen lassen. Den ausgekühlten Boden wieder auf den Boden der Form legen und einen Backrahmen darumlegen. Damit man seine Form nicht zerkratzt, können Sie Backpapier darunterlegen.

Erdbeeren waschen, trocken tupfen und je nach Größe halbieren oder vierteln und gleichmäßig auf dem Boden verteilen.

Guss:

Erdbeeren waschen, in kleine Stücken schneiden, mit dem Xucker vermengen und 1 Stunde ziehen lassen.

Nun pürieren Sie die Erdbeeren mit einem Stabmixer und streichen die Masse durch ein feines Sieb. Dadurch bekommen Sie einen schönen Erdbeersaft, den Sie mit den restlichen Zutaten vermischen.

Masse unter ständigen Rühren mit einem Handschneebesen zum Kochen bringen und 4 Minuten kochen lassen. Entfernen Sie den Schaum und lassen den Tortenguss ca. 5 Minuten abkühlen.

Nun geben Sie den Tortenguss auf den Kuchen. Das machen Sie langsam mit einem Esslöffel, da dieser Guss nicht so schnell fest wird. Nun braucht der Kuchen nur noch gut durchkühlen. Sie können selbstverständlich auch herkömmlichen Tortenguss benutzen.

Donauwelle

Zutaten für eine eckige Springform (36 x 24 cm)

750 g Sauerkirschen (frisch oder tiefgefroren)

100 g Xucker

½ TL Salz

Teig:

250 g weiche Butter

190 g Xucker

2 Prisen Salz

Abrieb von einer Zitrone

½ TL Vanillepulver

5 Eier

300 g Dinkelmehl 630

100 g Mandelmehl

1 Pck. Backpulver

5 TL Kakaopulver

4 EL Amaretto

Buttercreme:

250 ml Sahne

2 Eigelbe

20 g Mandelmehl

Abrieb von 2 Zitronen

0,8 g Agar Agar

20 g Xucker

4 Prisen Salz

150 g Butter

Schokoguss:

100 g Kokosfett

50 g Kakaopulver

¼ TL Vanillepulver

1 Prise Salz

70 g Puderxucker

3 TL Espresso

2 TL Weinbrand

10 g Yaconsirup

Anleitungen

Sauerkirschen mit Xucker und Salz vermischen und 1 Stunde ziehen lassen. Danach auf einem Sieb gut abtropfen lassen.

Sie können alternativ auch zwei Gläser Schattenmorellen nehmen, schmeckt aber nicht so gut und ungesundes Süßungsmittel enthalten sie natürlich auch.

Teig:

Butter schaumig rühren bis sie Spitzen zieht. Erst Xucker, Salz, Zitronenabrieb und Vanillepulver und als nächstes die Eier einzeln unterrühren. Mehl und Backpulver mischen und kurz unterrühren.

Gut die Hälfte des Teiges in der gefetteten Form glattstreichen. Kakaopulver und Amaretto unter die andere Hälfte rühren und diesen auf den hellen Teig streichen.

Nun die Kirschen gleichmäßig auf dem Teig verteilen und gut festdrü-
cken. Form auf einen Rost stellen und im vorgeheizten Backofen bei
180°C Ober- Unterhitze 30 Minuten backen.

Nach dem Backen noch im heißen Zustand die Oberfläche des Teiges
ausgleichen, in dem man mit einem Pfannenwender die zu hohen Stellen einfach herunterdrückt. Für die weiteren Zutaten wird eine gerade
Fläche benötigt.

Die weiteren Zutaten dürfen erst auf den Teig, wenn dieser komplett
erkaltet ist. Ich mache den Teig immer am Vortag und stelle die Form
mit Alufolie abgedeckt über Nacht in den Kühlschrank.

Buttercreme:

50 ml Sahne, Eigelbe, Mandelmehl, Zitronenabrieb und Agar Agar in
einer Schüssel mit einem Handschneebesen verrühren. Die restliche
Sahne mit Xucker und Salz in einem Topf zu Kochen bringen. Angerührte Masse dazugeben und 3 Minuten unter ständigem Rühren mit
dem Schneebesen köcheln lassen. Den Pudding zum Abkühlen wieder
in eine Schüssel geben.

Butter schaumig rühren bis sie Spitzen zieht und den vollständig erkalteten Pudding esslöffelweise mit dem Mixer unterrühren. Selbstverständlich können Sie sich den Pudding auch mit herkömmlichem Puddingpulver herstellen. Mein Rezept ist die gesunde Variante.

Buttercreme auf den Teig streichen und mit einem Teigschaber glattziehen.

**Hier kann das Mandelmehl nicht mit Dinkelmehl ausgetauscht wer-
den, sonst schmeckt der Pudding nicht!**

Schokoguss:

Kokosfett im Wasserbad zerlassen. Kakaopulver, Vanillepulver und Salz in eine Schüssel geben und das Kokosfett mit einem Handschneebesen unterrühren. Puderxucker darüber sieben und gut verrühren.

Nun die restlichen Zutaten dazugeben und ebenfalls mit dem Schneebesen gut unterrühren.

Schokoguss sofort auf die Buttercreme geben und gleichmäßig verteilen. Mit einem Teigschaber glattziehen und den Kuchen noch für 1 Stunde kühlen.

Wenn Sie keinen Yaconsirup verwenden möchten, nehmen Sie mehr Puderxucker, jedoch keinen Honig. Honig zieht Fäden in dem Schokoguss, was Yaconsirup nicht macht und schmeckt auch nicht so gut darin.

Die Donauwelle kann auch problemlos eingefroren werden.

Frankfurter Kranz Muffins

Zutaten für eine Muffinform (12 Stück)

Teig:

2 Eiweiße, 1 EL kaltes Wasser

2 Eigelbe, 1 EL heißes Wasser

65 g Puderxucker

1 Prise Salz

Abrieb von einer Zitrone

¼ TL Vanillepulver

55 g Dinkelmehl 630

5 g Lupinenmehl

½ TL Backpulver

Erdbeermarmelade (ca.300g):

200 g Erdbeeren

90 g Xucker

1,5 g Agar Agar

1 Prise Salz

2 Prisen Vanillepulver

1 TL Zitronensaft

½ TL Weinbrand

Buttercreme:

125 ml Sahne

1 Eigelb

10 g Mandelmehl

Abrieb von einer Zitrone

0,4 g Agar Agar

10 g Xucker

2 Prisen Salz

75 g Butter

Krokant:

15 g Butter

25 g Kokosblütenzucker

50 g gehackte Mandeln

Anleitungen

Teig:

Eiweiße mit kaltem Wasser sehr steif schlagen. Wenn man mit einem Messer einen Schnitt im geschlagenen Eiweiß sieht, ist es steif genug. Eigelbe mit heißem Wasser, Puderxucker, Salz, Zitronenabrieb und Vanillepulver sehr cremig rühren. Das dauert ungefähr 4 Minuten.

Eischnee zur Eigelbmasse geben und mit dem Handschneebesen vorsichtig unterheben. Mehl und Backpulver mischen, auf die Masse sieben und auch mit einem Handschneebesen vorsichtig unterheben.

Muffinform mit Papierförmchen auslegen und den Teig gleichmäßig darin verteilen. Im vorgeheizten Backofen bei 180°C Heißluft 15 Minuten backen.

Wenn die Muffins fertig sind, ziehen Sie sofort vorsichtig die Papierförmchen ab und lassen sie auskühlen.

Erdbeermarmelade:

Erdbeeren waschen, kleinschneiden, mit dem Xucker vermischen und 1 Stunde ziehen lassen.

Erst Agar Agar unterrühren und dann die restlichen Zutaten, außer dem Weinbrand. Masse unter ständigem Rühren zum Kochen bringen und 4 Minuten kochen lassen. Dabei den Schaum abschöpfen und die Erdbeeren mit einem Kartoffelstampfer etwas stampfen. So erhält man schöne, nicht zu große Erdbeerstückchen in der Marmelade.

Nach dem Kochen den Weinbrand dazugeben und die Marmelade in ein Glas füllen. Das Glas gut verschließen und für 5 Minuten auf den Kopf stellen. Marmelade im Kühlschrank lagern.

Da Marmelade auch sehr gut für Brötchen oder Semmel geeignet ist, bietet es sich natürlich an, gleich eine größere Menge herzustellen. Diese Menge ist für die Muffins sowieso etwas zu viel, aber ich wollte nicht so krumme Mengenangaben machen. Gekaufte Marmelade geht auch, ist aber nicht gesund und schmeckt auch nicht so gut.

Buttercreme:

25 ml Sahne, Eigelb, Mandelmehl, Zitronenabrieb und Agar Agar in einer kleinen Schüssel mit einem Handschneebesen verrühren. Die restliche Sahne mit Xucker und Salz in einem Topf zu Kochen bringen. Angerührte Masse dazugeben und 3 Minuten unter ständigem Rühren mit dem Schneebesen köcheln lassen. Den Pudding zum Abkühlen wieder in eine Schüssel geben.

Butter schaumig rühren bis sie Spitzen zieht und den vollständig erkalteten Pudding esslöffelweise mit dem Mixer unterrühren. Selbstverständlich können Sie sich den Pudding auch mit herkömmlichem Puddingpulver herstellen. Mein Rezept ist die gesunde Variante.

Hier kann das Mandelmehl nicht mit Dinkelmehl ausgetauscht werden, sonst schmeckt der Pudding nicht!

Krokant:

Butter in einer Pfanne zerlassen und dann den Kokosblütenzucker dazugeben. Wenn auch dieser zerlassen ist, geben Sie die gehackten Mandeln dazu. Das Ganze dann noch etwas rösten und den Krokant auf ein Backpapier geben. Ein zweites Backpapier darauflegen und mit einem Nudelholz flachrollen.

Nun brauchen Sie das Ganze nur noch kalt werden lassen, in einen Plastikbeutel geben und mit einem Fleischklopfer etwas zerkleinern.

Auch hier ist es natürlich möglich, sich eine Tüte Krokant zu kaufen. Wenn Sie diesen aber einmal gemacht haben, kaufen Sie keine Tüte mehr. Der Kokosblütenzucker kann durch richtigen Zucker ersetzt werden, schmeckt aber nicht so gut. Xylit geht hier nicht, weil der nicht karamellisiert.

So nun haben Sie es geschafft, jetzt müssen die Muffins nur noch zusammengesetzt werden. Das Rezept sieht sowieso viel länger aus, als es in Wirklichkeit Arbeit macht.

Sie schneiden die Muffins in der Mitte durch und geben auf die Unterteile die Erdbeermarmelade. Nun füllen Sie die Buttercreme in einen Spritzbeutel und spritzen dünn in kleinen Bögen etwas Buttercreme auf die Marmelade. Den Deckel bestreichen Sie obendrauf mit Buttercreme und setzten ihn auf das Unterteil.

Jetzt kommt noch der Krokant oben drauf. Mit dem Spritzbeutel noch einen kleinen Tuff machen und etwas Marmelade drauf. Fertig!

Die „nackten" Muffins können prima eingefroren werden. Erdbeermarmelade kann man immer dahaben und Krokant ist schnell gemacht. Einfach auftauen, Marmelade drauf und wenn man keine Buttercreme machen möchte, geht auch Schlagsahne. Krokant noch drauf und man hat super schnell etwas Tolles zum Kaffee.

Schwarzwälder Kirschtörtchen

Zutaten für 6 Törtchen (Form Durchmesser 12 cm)

Teig:

140 g weiche Butter

125 g Xucker

2 Prisen Salz

Abrieb von einer Zitrone

½ TL Vanillepulver

5 Eier

15 g Kakaopulver

100 g Mandelmehl

1 Pck. Backpulver

100 g gemahlene Mandeln

je 1 EL Rum und Amaretto

Kirschmasse (Sauerkirsch-Marmelade ca. 600 g):

375 g frische oder tiefgefrorene Sauerkirschen

190 g Xucker

2,5 g Agar Agar

3 Prisen Salz

¼ TL Vanillepulver

½ EL Zitronensaft

1 EL Amaretto

Zum Garnieren:

300 ml geschlagene Sahne

Schokoraspeln zum Bestreuen

Anleitungen

Für den Teig die Butter schaumig rühren bis sie Spitzen zieht. Erst Xucker, Salz, Zitronenabrieb und Vanille und dann die Eier einzeln unterrühren. Kakao, Mehl, Backpulver und Mandeln mischen und abwechselnd mit dem Alkohol kurz unterrühren.

Törtchenformen ausfetten und den Teig gleichmäßig darin verteilen. Förmchen auf einen Rost stellen und im vorgeheizten Backofen bei 160°C Heißluft ca. 23 Minuten backen. Nach dem Backen die Förmchen erst gut auskühlen lassen, bevor man die Törtchen herausnimmt.

Für die Kirschmasse wird eine Sauerkirsch-Marmelade hergestellt. Dazu die Sauerkirschen (gefrorene erst auftauen) mit Xucker vermischen und 1 Stunde ziehen lassen.

Erst Agar Agar unterrühren und dann die restlichen Zutaten, außer dem Amaretto. Masse unter ständigem Rühren zum Kochen bringen und 4 Minuten kochen lassen. Dabei den Schaum abschöpfen und die Kirschen mit einem Kartoffelstampfer etwas stampfen. So erhält man schöne, nicht zu große Kirschstückchen in der Marmelade.

Nach dem Kochen den Amaretto dazugeben und die Marmelade in Gläser füllen. Die Gläser gut verschließen und für 5 Minuten auf den Kopf stellen. Marmelade im Kühlschrank lagern.

Sie können die Törtchen auch gut einfrieren und bei Bedarf sind sie innerhalb von 2 Stunden aufgetaut. Die Marmelade kann auch fertig sein und muss nur auf die Törtchen gegeben werden. Sahne obendrauf, ein paar Schokoraspeln, fertig!

*Schokolade stelle ich selber her, so kann ich gesunde Süßungsmittel nehmen, zur Kakaobutter noch leicht verdauliches Kokosöl hinzunehmen und gesunden Rohkakao verwenden. Ich schneide dann mit einem Messer feine Schokoraspeln ab. Wenn Sie zu gekauften Schokoraspeln greifen, ist das auch nicht schlimm. Es gibt aber auch schon Xylit-Schokolade.

Warum Sauerteig und Kochstück?

Meine Brötchen- und Brotrezepte sind aufwendig, weil ich grundsätzlich bei Brötchen und Brot eine lange Teigführung mache. Von einer langen Teigführung spricht man bei Sauerteigen, Kochstücken, Vorteigen und langen Gehzeiten. Nun muss erst einmal die Frage geklärt werden, warum mache ich denn so einen Zirkus? Ganz einfach, wegen der Gesundheit und dem Geschmack.

Die in Getreide, Hülsenfrüchten, Nüssen und Ölsaaten enthaltene Phytinsäure verringert die Verwertbarkeit von Mineralstoffen im Körper. Phytinsäure lässt sich durch folgende Arten abbauen:
- Verwendung von Sauerteigen
- lange Quellzeiten von Korn oder Mehl
- Einweichen (z. B. Nüsse, Reis, Hirse, Bohnen) und Einweichwasser wegschütten.

Durch das Benutzen von Hefe beim Backen oder bei Reis zum Beispiel durch das Kochen im Wasser lässt sich die Phytinsäure **nicht** abbauen.

Jetzt erkläre ich Ihnen erst einmal, was ein Kochstück ist. Ein Kochstück besteht aus Mehl, kochendem Wasser und Salz. Durch das Verkleistern der Stärke entsteht ein Brei, der gut abkühlen muss und dann zum Teig gegeben wird. Er sorgt für eine feuchte und elastische Krume (Teiginnere) und für eine längere Frischhaltung. Des Weiteren bekommen die Brötchen oder das Brot eine malzig-süße Note. Ein Kochstück ist deswegen aus meiner Sicht bei Dinkel die einzige Möglichkeit ein saftiges Brot zu bekommen, das ohne Chemie ist.

Geschmacklich gute Brötchen oder Brote brauchen nicht nur einen Sauerteig und ein Kochstück, sondern vor allem Zeit. Der Teig braucht die Zeit für die Geschmacksentwicklung und das Abbauen der Phytinsäure. Die Mineralstoffaufnahme im Körper wird so verbessert und die Fermentierung (=Sauerteig) sorgt für eine bessere Verdaulichkeit und Proteinqualität. Mittlerweile wurde sogar nachgewiesen, dass Menschen mit einer Glutenunverträglichkeit **echtes** Sauerteigbrot vertragen, trotz glutenhaltigem Mehl.

Ein Bäcker mit echtem Sauerteig statt einem Säuerungsmittel und einer langen Teigführung ist mehr wie selten. Von Kochstücken wollen wir erst gar nicht reden. Für den Geschmack und für die Frischhaltung gibt es einfachere Möglichkeiten (Malzextrakt, Stabilisierungs- und Frischhaltemittel) und für Ihre Gesundheit interessiert sich kaum ein Bäcker und erst recht keine Backstation im Supermarkt.

Nun kennen Sie die Gründe für mein aufwendiges Backen.

Ich benutze für die Brötchen und Brote je nach Rezept Dinkelmehl 1050, Dinkelvollkornmehl, Roggenmehl, Lupinenmehl, Buchweizenmehl, Braunhirsemehl und Erdmandelmehl. Wer ausschließlich Dinkelmehl verwenden möchte, kann das gerne tun. Die Mengenangaben bleiben dieselben, das Mehl braucht nur ausgetauscht zu werden.

Bei den Brötchen mache ich einen Dinkelsauerteig 1050 und beim Brot hat sich der Roggensauerteig bewährt. Geschmacklich wäre kein Unterschied zu einem Dinkelvollkornsauerteig, allerdings ist das Brot schneller trocken. Dinkel neigt, wie Sie wissen, zum Trockenbacken.

Das Dinkelgluten unterscheidet sich vom Weizengluten, da jedes Getreide sein artspezifisches hat. Als Folge davon laufen Dinkelteige schnell auseinander und sind deshalb in einer Form besser aufgehoben. Auf den Bildern von den Brötchen sehen Sie eine Baguettebackform. Würde ich die nicht benutzen, hätte ich keine Brötchen, sondern Fladenbrote. Für die Brote benutze ich eine Kastenform.

Anleitung Sauerteig

Es gibt Sauerteigextrakt sogar schon in der Drogerie zu kaufen. Erfahrungen habe ich damit keine, da es sehr einfach ist, sich seinen Sauerteig selber herzustellen. Ein Sauerteig lässt sich mit jedem Mehl herstellen.

Nehmen wir jetzt das Rezept „Helle Brötchen", wofür wir einen Dinkel-1050-Sauerteig brauchen. Sie nehmen 60 g Dinkelmehl 1050 und 60 ml warmes Wasser. Das verrühren Sie am besten mit einer Gabel und lassen das Ganze zugedeckt 24 Stunden bei Zimmertemperatur stehen (nicht in den Kühlschrank stellen). Am nächsten Tag fügen Sie wieder 60 g Dinkelmehl 1050 und 60 ml warmes Wasser hinzu, verrühren und 24 Stunden zugedeckt stehen lassen. Am dritten Tag geben sie 120 g Dinkelmehl 1050 und 120 ml warmes Wasser hinzu, verrühren und noch einmal 24 Stunden zugedeckt stehen lassen. Am vierten Tag ist es soweit, Sie haben jetzt 480 g fertigen Sauerteig.

Für die Brötchen benötigen Sie 400 g Sauerteig. Den Rest können Sie in ein Gläschen geben, zuschrauben und in den Kühlschrank stellen. Diese vier-Tage-Aktion machen Sie nämlich nur ein einziges Mal.

Diese 80 g Sauerteigansatz halten zu Anfang zwei Wochen im Kühlschrank, später länger. Wenn Sie das nächste Mal Brötchen backen, nehmen Sie 200 g Dinkelmehl 1050 und 200 ml warmes Wasser und diese 80 g. Das verrühren Sie alles zusammen und lassen das Ganze 24 Stunden zugedeckt bei Zimmertemperatur stehen. Bevor Sie anfangen zu backen, rühren Sie Ihren Sauerteig um und füllen wieder 80 g davon in ein Gläschen. Ab in den Kühlschrank für das nächste Mal.

Der Sauerteigansatz wird mit der Zeit immer besser. Dadurch bekommt der Sauerteig immer mehr Aroma und entwickelt immer mehr Triebkraft. Auch die Haltbarkeit vom Sauerteigansatz im Kühlschrank verlängert sich auf 4 - 6 Wochen. Da die Wenigsten Zeit haben zu Anfang alle zwei Wochen Brötchen zu backen, können Sie folgendes tun: Sie nehmen 100 g Dinkelmehl 1050 und 100 ml warmes Wasser und verrühren das mit ihrem Gläschen. 24 Stunden zugedeckt stehen lassen und am nächsten Tag Ihre 80 g abfüllen. Den Rest müssen Sie leider wegschmeißen, aber es sind ja so gesehen nur 100 g Mehl. Ihr Gläschen hat so einen neuen Durchgang bekommen und die Haltbarkeit verlängert sich schnell.

Nun zum Roggensauerteig für die Brote. Sie machen alles genauso wie eben beschrieben, mit dem Unterschied, dass Sie Roggenmehl Type 1150 nehmen. Die Mehl- und Wassermenge beträgt am ersten und zweiten Tag je 135 g/ml und am dritten Tag 270 g/ml. Am vierten Tag haben Sie 1080 g fertigen Roggensauerteig. Für die Brote (außer Vollkornbrot) benötigen sie 1000 g und den Rest wieder für das Gläschen.

Anleitung Kochstück

Wir nehmen wieder das Rezept „Helle Brötchen". In einen Kochtopf geben Sie 400 ml Wasser, 90 g Dinkelmehl 1050 und 12 g Salz. Dies verrühren Sie mit einem Schneebesen und lassen es unter ständigem Rühren langsam erhitzen. Kurz bevor die Masse anfängt zu kochen, verringern Sie die Temperatur. Diesen Vorgang nennt man „simmern", ein Garen knapp unter dem Siedepunkt. Die Masse wird immer fester, es wird weiter kräftig gerührt und die Temperatur ständig verringert. Das Kochstück ist nach ca. 7 – 8 Minuten fertig und am Ende eine breiige Masse. Diese lassen Sie nun zugedeckt am besten über Nacht bei Zimmertemperatur stehen. Ich mache das Kochstück immer am Vorabend, wenn ich am nächsten Vormittag backen will.

Das Kochstück für die Brote wird auf dieselbe Art hergestellt, natürlich mit den Zutaten, die im Rezept stehen. Sollten Körner mit angegeben sein, werden diese mit zum Mehl in das Kochstück gegeben.

Bilder Kapitel IV

Süßer Semmel

Helle Brötchen

Körnerbrötchen

Weißbrot

Süßer Semmel

Zutaten für eine Kastenform (30 cm)

40 ml Sahne

180 ml Wasser

30 g Hefe

4 g Stevia

40 g Zucker

1,5 g Salz

Abrieb von einer Zitrone

½ TL gemahlene Vanille

1 Ei

400 g Dinkelmehl 630

100 g sehr weiche Butter

Sahne zum Bepinseln

Anleitungen

Backofen auf 50°C Ober- Unterhitze vorheizen und wieder ausschalten. Sahne und Wasser in eine Hefeteigschüssel geben und die Hefe hineinbröseln.

Schüssel zugedeckt für 60 Minuten in den Ofen stellen.

Herausnehmen und die restlichen Zutaten bis auf die Butter dazugeben und mit der Hand verkneten. Wichtig ist noch, dass Dinkelteige immer von außen nach innen geknetet werden. Sie können auch einen Teigschaber zur Hilfe nehmen. Wenn alles gut verknetet ist, wird die Butter dazu gegeben und ebenfalls in den Teig eingearbeitet.

Den Backofen erneut auf 50°C Ober- Unterhitze vorheizen und wieder ausstellen. Die Schüssel zugedeckt 30 Minuten in den Ofen stellen.

Nun müsste der Teig gut gegangen sein und kann verarbeitet werden. Teig nochmals gut durchkneten und in die Kastenform geben. Der Teig ist extrem fettig und wird mehr oder weniger in die Form geschüttet. Wundern Sie sich nicht, das ist alles richtig so. Verteilen sie ihn gleichmäßig und lassen ihn nochmal für ca. 20 Minuten gehen, bis er doppelt so groß ist.

Form auf einen Rost stellen und im vorgeheizten Backofen bei 200°C Ober-Unterhitze ca. 22 Minuten backen.

Den noch heißen Semmel mit Sahne bepinseln und in der Form auskühlen lassen.

Wenn Ihnen der Semmel nicht süß genug ist, müssen Sie die Zuckermenge erhöhen. Stevia zu erhöhen würde nicht schmecken. Da die meisten aber Semmel mit Marmelade oder etwas anderem Süßen essen, reicht die Zuckermenge normalerweise aus.

Helle Brötchen

Zutaten für 18 Stück

400 g Dinkel-1050-Sauerteig

Kochstück:

400 ml Wasser

90 g Dinkelmehl 1050

12 g Salz

Vorteig:

Sauerteig

150 g Dinkelmehl 1050

Hauptteig:

Vorteig

Kochstück

1 Würfel Hefe in 25 ml Wasser auflösen

25 g Kokosblütensirup

510 g Dinkelmehl 1050

15 g Kokosfett (zerlassen)

Anleitungen

Sauerteig 24 Stunden und Kochstück 8 – 18 Stunden vor dem Backen herstellen. Den Sauerteig am besten gleich in einer Hefeteigschüssel anrühren.

Der Vorteig wird am Backtag hergestellt. Dazu kommt zum Sauerteig, von dem man vorher sein Gläschen abgetan hat, 150 g Dinkelmehl 1050. Das Ganze wird mit einer Gabel verrührt und muss 2 Stunden bei Zimmertemperatur zugedeckt gehen.

Nun wird der Hauptteig hergestellt. Da alles mit der Hand vermengt und verknetet wird ist es ratsam, sich vorher Einweghandschuhe anzuziehen. Zu dem Vorteig wird das Kochstück gegeben und mit einem Teigschaber vermengt. Danach werden das Hefegemisch und der Kokosblütensirup untergerührt. Nun wird das restliche Mehl untergeknetet. Am Anfang hat man immer das Gefühl, es wäre zu viel Mehl, aber immer schön mit dem Teigschaber als Hilfe weiterkneten. Wichtig ist noch, dass Dinkelteige immer von außen nach innen geknetet werden. Sie fahren mit dem Teigschaber unter den äußeren Rand und schlagen den Teig zur Mitte ein. Immer im Kreis, bis alles Mehl gut untergeknetet ist. Der Teig klebt am Ende und das ist ganz normal. Sie werden in Ihrer Schüssel eine klebrige Masse haben und keinen homogenen Teig.

Jetzt lassen Sie den Teig 30 Minuten an einem warmen Ort gehen. Erwärmen Sie vorher Ihren Backofen auf 50°C Ober-Unterhitze und stellen ihn wieder aus. In diese Restwärme kommt die geschlossene Hefeteigschüssel. Jetzt können Sie schon einmal Ihr Kokosfett flüssigmachen, dann ist es nicht zu heiß, wenn es an den Teig kommt.

Sie können nun Ihren Teig aus dem Ofen nehmen, der jetzt gut gegangen sein müsste. Bevor Sie ihn kneten, gießen Sie zuerst das Kokosfett darüber. Der Teig klebt jetzt nicht mehr so wie am Anfang, aber immer noch genug, dass Sie auf das Kokosfett angewiesen sind. Ohne dieses könnten Sie keine Brötchen formen, zumindest keine, an denen nicht ein Einweghandschuh klebt. Wenn Sie das Fett untergeknetet haben, wiegen Sie sich 9 Teighaufen zu je 90 g ab. Diese kneten Sie wie eben von außen nach innen im Kreis und schon haben Sie Ihre Brötchen, die Sie sofort nach dem Kneten auf eine Baguettebackform legen. Es gibt auch spezielle Brötchenbackformen, allerdings lässt sich in der Baguettebackform halt auch schönes Baguette backen. Die Teiglinge mit einem Geschirrhandtuch abdecken und bei Zimmertemperatur gehen lassen, bis sie doppelt so groß sind. Dauert ca. 30 Minuten. In der Zeit machen Sie Ihre zweite Hälfte Brötchen und heizen den Backofen schon mal auf 240°C Ober- Unterhitze vor.

Wenn die ersten Brötchen fertig gegangen sind, schneiden Sie den Teig mit einem sehr scharfen Messer obendrauf ein und geben sie sofort in den heißen Backofen. Ganz wichtig ist, dass die Baguettebackform auf einen Rost und nicht auf ein Blech kommt. Im Backofen nehmen Sie die unterste Schiene. Sie backen die Brötchen 15 Minuten und können sie 2 Minuten vor Ende der Backzeit mit Wasser besprühen. Dabei entsteht der typische Brotglanz. Am besten geht das mit einer Blumenspritze, aber zügig muss es gehen. Tür auf, sprühen, Tür zu.

Fertig! Auskühlen lassen und entweder alle 18 gleich aufessen oder welche einfrieren. Die Eingefrorenen braucht man nur 1 - 2 Stunden auftauen (oder für 30 Sekunden in die Mikrowelle geben) und auf einem Toaster mit Brötchenaufsatz toasten.

Körnerbrötchen

Zutaten für 18 Stück

400 g Dinkel-1050-Sauerteig

Kochstück:

450 ml Wasser

100 g Dinkelmehl 1050

16 g Salz

je 50 g Leinsamen, Sesam und Sonnenblumenkerne

Vorteig:

Sauerteig

150 g Dinkelmehl 1050

Hauptteig:

Vorteig

Kochstück

1 Würfel Hefe in 20 ml Wasser auflösen

35 g Kokosblütensirup

50 g Lupinenmehl

150 g Dinkelvollkornmehl

200 g Dinkelmehl 1050

50 g Erdmandelmehl

25 g Kokosfett (zerlassen)

Anleitungen

Sauerteig 24 Stunden und Kochstück 8 - 18 Stunden vor dem Backen herstellen. Den Sauerteig am besten gleich in einer Hefeteigschüssel anrühren.

Der Vorteig wird am Backtag hergestellt. Dazu kommt zum Sauerteig, von dem man vorher sein Gläschen abgetan hat, 150 g Dinkelmehl 1050. Das Ganze wird mit einer Gabel verrührt und muss 2 Stunden bei Zimmertemperatur zugedeckt gehen.

Nun wird der Hauptteig hergestellt. Da alles mit der Hand vermengt und verknetet wird ist es ratsam, sich vorher Einweghandschuhe anzuziehen. Zu dem Vorteig werden das Kochstück, das Hefegemisch und der Kokosblütensirup gegeben und mit einem Teigschaber vermengt. Nun wird das Lupinenmehl auf den Teig gesiebt und untergerührt. Die restlichen Mehle werden nacheinander untergeknetet. Wichtig ist noch, dass Dinkelteige immer von außen nach innen geknetet werden. Sie fahren mit dem Teigschaber unter den äußeren Rand und schlagen den Teig zur Mitte ein. Immer im Kreis, bis alles Mehl gut untergeknetet ist.

Jetzt lassen Sie den Teig 50 Minuten an einem warmen Ort gehen. Erwärmen Sie vorher Ihren Backofen auf 50°C Ober-Unterhitze und stellen ihn wieder aus. In diese Restwärme kommt die geschlossene Hefeteigschüssel. Jetzt können Sie schon einmal Ihr Kokosfett flüssigmachen, dann ist es nicht zu heiß, wenn es an den Teig kommt.

Sie können nun Ihren Teig aus dem Ofen nehmen, der jetzt gut gegangen sein müsste. Bevor Sie ihn kneten, gießen Sie zuerst das Kokosfett darüber. Der Teig klebt ein wenig, so dass Sie auf das Kokosfett angewiesen sind. Ohne dieses könnten Sie keine Brötchen formen, zumindest keine, an denen nicht ein Einweghandschuh klebt. Wenn Sie das Fett untergeknetet haben, wiegen Sie sich 9 Teighaufen zu je 95 g ab. Diese kneten Sie wie eben von außen nach innen im Kreis und schon haben Sie Ihre Brötchen, die Sie sofort nach dem Kneten auf eine Baguettebackform legen. Es gibt auch spezielle Brötchenbackformen, allerdings lässt sich in der Baguettebackform halt auch schönes Baguette backen. Die Teiglinge mit einem Geschirrhandtuch abdecken und bei Zimmertemperatur gehen lassen, bis sie doppelt so groß sind. Dauert ca. 30 Minuten. In der Zeit machen Sie Ihre zweite Hälfte Brötchen und heizen den Backofen schon mal auf 240° C Ober-Unterhitze vor.

Wenn die ersten Brötchen fertig gegangen sind, schneiden Sie den Teig mit einem sehr scharfen Messer obendrauf ein und geben sie sofort in den heißen Backofen. Ganz wichtig ist, dass die Baguettebackform auf einen Rost und nicht auf ein Blech kommt. Im Backofen nehmen Sie die unterste Schiene. Sie backen die Brötchen 18 Minuten und können sie 2 Minuten vor Ende der Backzeit mit Wasser besprühen. Dabei entsteht der typische Brotglanz. Am besten geht das mit einer Blumenspritze, aber zügig muss es gehen. Tür auf, sprühen, Tür zu.

Fertig! Auskühlen lassen und entweder alle 18 gleich aufessen oder welche einfrieren. Die Eingefrorenen braucht man nur 1 - 2 Stunden auftauen (oder für 30 Sekunden in die Mikrowelle geben) und auf einem Toaster mit Brötchenaufsatz toasten.

Weißbrot

Zutaten für 2 Brote

560 g Dinkel-1050-Sauerteig

Kochstück:

550 ml Wasser

130 g Dinkelvollkornmehl

16 g Salz

Vorteig:

Sauerteig

180 g Dinkelmehl 1050

Hauptteig:

Vorteig

Kochstück

1 Würfel Hefe in 40 ml Wasser auflösen

25 g Kokosblütensirup

50 g Lupinenmehl

550 g Dinkelmehl 1050

50 g Kokosfett (zerlassen)

100 g Buchweizenmehl

50 g Braunhirsemehl

100 g Hanfsamen geschält

Anleitungen

Sauerteig 24 Stunden und Kochstück 8 - 18 Stunden vor dem Backen herstellen. Den Weißbrotteig knete ich nicht mit der Hand, sondern mit einer großen Küchenmaschine. Dementsprechend setze ich den Sauerteig gleich in der Rührschüssel an.

Der Vorteig wird am Backtag hergestellt. Dazu kommt zum Sauerteig, von dem man vorher sein Gläschen abgetan hat, 180 g Dinkelmehl 1050. Das Ganze wird mit einer Gabel verrührt und muss 2 Stunden bei Zimmertemperatur zugedeckt gehen.

Für den Hauptteig geben Sie das Kochstück zum Vorteig und fügen gleich das Hefegemisch und den Kokosblütensirup dazu. Das Ganze gut verrühren und erst das Lupinenmehl und danach 250 g Dinkelmehl 1050 unterrühren.

Jetzt werden erst 150 g Dinkelmehl 1050 untergeknetet und dann das nicht zu heiß zerlassene Kokosfett. Als nächstes werden die restlichen 150 g Dinkelmehl 1050, das Buchweizen- und Braunhirsemehl und die Hanfsamen nacheinander untergeknetet. Nicht länger weiterkneten, da das für die glutenfreien Mehle nicht gut ist!

Auch dieser Teig ist eine klebrige Masse, deswegen jetzt besser Einweghandschuhe anziehen.

Erwärmen Sie Ihren Backofen auf 50°C Ober-Unterhitze und stellen ihn wieder aus. Nun geben Sie den Teig in zwei große gefettete Königskuchenformen (30 cm). Sie müssen das mit Hilfe eines Teigschabers tun, da der Teig sehr klebt. Durch Wiegen können Sie feststellen, ob in beiden Formen dieselbe Menge ist. Nun verteilen Sie den Teig mit dem Teigschaber und glätten die Oberfläche mit der Hand, indem Sie Ihren Handschuh mit Wasser befeuchten.

Geben Sie die Formen auf einen Rost und decken sie mit einem Geschirrhandtuch ab. Der Teig muss nun mindestens 30 Minuten im Ofen gehen. Genug gegangen ist der Teig, wenn er knapp unterhalb des Randes ist. Etwas weniger wie bei den Broten, da dieser durch den Würfel Hefe viel schneller geht. Deswegen immer kontrollieren, denn der

Backofen braucht noch ca. 15 Minuten zum Vorheizen, und in der Zeit geht der Teig in der Küche weiter und soll nicht übergehen.

Backofen auf 240°C Ober-Unterhitze vorheizen. Der Rost kommt auf die unterste Schiene. Bevor Sie die Brote reinschieben, mit einem scharfen Messer längs einschneiden. Die Brote werden erst 7 Minuten bei 240°C gebacken, dann die Temperatur auf 200°C stellen und noch weitere 19 Minuten backen. 2 Minuten vor Ende der Backzeit mit Wasser besprühen. Dabei entsteht der typische Brotglanz. Am besten geht das mit einer Blumenspritze, aber zügig muss es gehen. Tür auf, sprühen, Tür zu.

Brote sofort aus der Form stürzen, wieder umdrehen und auf dem Rost gut abkühlen lassen. Das Brot hält 3 – 4 Tage im Brotkasten. Selbstverständlich kann es auch gut eingefroren werden.

*Hanfsamen gehören zu den Superfoods. Das bedeutet, dass sie eine extrem hohe Nähr- und Vitalstoffdichte aufzeigen und daher eine ungewöhnliche Vielzahl an positiven Eigenschaften für die Gesundheit haben.

Bilder Kapitel V

Gersterbrot

Sonnenblumenbrot

Vollkornbrot

Hanfsamenbrot

Gersterbrot

Zutaten für 2 Brote

1000 g Roggensauerteig

Kochstück:

675 ml Wasser

150 g Dinkelvollkornmehl

10 g Salz

Hauptteig:

10 g Salz

25 g Kokosblütensirup

100 g Lupinenmehl

200 g Dinkelvollkornmehl

400 g Dinkelmehl 1050

Anleitungen

Den Sauerteig 24 Stunden und das Kochstück 8 – 18 Stunden vor dem Backen herstellen. Den Brotteig knete ich nicht mit der Hand, sondern mit einer großen Küchenmaschine. Dementsprechend setze ich den Sauerteig gleich in der Rührschüssel an.

Für den Hauptteig geben Sie das Kochstück zum Sauerteig (an das Gläschen denken!) und fügen gleich Salz und Kokosblütensirup dazu. Das Ganze gut verrühren und erst das Lupinenmehl und danach das Dinkelvollkornmehl unterrühren. Das Dinkelmehl 1050 wird untergeknetet. Wenn das Mehl gut verknetet ist, noch eine Minute weiterkneten, aber nicht länger.

Auch dieser Teig ist eine klebrige Masse, deswegen jetzt besser Einweghandschuhe anziehen.

Erwärmen Sie Ihren Backofen auf 50°C Ober-Unterhitze und stellen ihn wieder aus. Nun geben Sie den Teig in zwei große gefettete Königskuchenformen (30 cm). Sie müssen das mit Hilfe eines Teigschabers tun, da der Teig sehr klebt. Durch Wiegen können Sie feststellen, ob in beiden Formen dieselbe Menge ist. Nun verteilen Sie den Teig mit dem Teigschaber und glätten die Oberfläche mit der Hand, indem Sie Ihren Handschuh mit Wasser befeuchten.

Geben Sie die Formen auf einen Rost und decken sie mit einem Geschirrhandtuch ab. Der Teig muss nun mindestens 1½ Stunden im Ofen gehen. An dieser Stelle gleich eine Anmerkung: Mein Roggensauerteigansatz (das Gläschen) ist mittlerweile 10 Jahre alt. Dementsprechend groß ist die Triebkraft. Zu Anfang ist es völlig in Ordnung, etwas Hefe (20 g in 10 ml Wasser aufgelöst) zum Teig dazuzugeben. Sie merken das, von Mal zu Mal geht er besser. Wenn Sie Hefe dazutun wollen, ist die Gehzeit von 1 ½ Stunden zu lang. Ohne Hefe kann es durchaus länger sein. Genug gegangen ist der Teig, wenn er langsam über den Rand schaut. Deswegen immer kontrollieren, denn der Backofen braucht noch ca. 15 Minuten zum Vorheizen, und in der Zeit geht der Teig in der Küche weiter und soll nicht übergehen.

Backofen auf 240°C Ober-Unterhitze vorheizen. Der Rost kommt auf die zweite Schiene von unten. Bevor Sie die Brote reinschieben, mit einem scharfen Messer längs einschneiden. Die Brote werden erst 10 Minuten bei 240°C gebacken, dann die Temperatur auf 200°C stellen und noch weitere 30 Minuten backen. 2 Minuten vor Ende der Backzeit mit Wasser besprühen. Dabei entsteht der typische Brotglanz. Am besten geht das mit einer Blumenspritze, aber zügig muss es gehen. Tür auf, sprühen, Tür zu.

Brote sofort aus der Form stürzen, wieder umdrehen und auf dem Rost gut abkühlen lassen. Das Brot hält 3 – 4 Tage im Brotkasten. Selbstverständlich kann es auch gut eingefroren werden.

Sonnenblumenbrot

Zutaten für 2 Brote

1000 g Roggensauerteig

Kochstück:

675 ml Wasser

150 g Dinkelvollkornmehl

12 g Salz

300 g Sonnenblumenkerne

Hauptteig:

12 g Salz

10 g Hefe in 10 ml Wasser auflösen

35 g Kokosblütensirup

100 g Lupinenmehl

200 g Dinkelvollkornmehl

400 g Dinkelmehl 1050

Anleitungen

Den Sauerteig 24 Stunden und das Kochstück 8 - 18 Stunden vor dem Backen herstellen. Den Brotteig knete ich nicht mit der Hand, sondern mit einer großen Küchenmaschine. Dementsprechend setze ich den Sauerteig gleich in der Rührschüssel an.

Für den Hauptteig geben Sie das Kochstück zum Sauerteig (an das Gläschen denken!) und fügen gleich Salz, das Hefegemisch und den Kokosblütensirup dazu. Das Ganze gut verrühren und erst das Lupinenmehl und danach das Dinkelvollkornmehl unterrühren. Das Dinkelmehl 1050 wird untergeknetet. Wenn das Mehl gut verknetet ist, noch eine Minute weiterkneten, aber nicht länger.

Auch dieser Teig ist eine klebrige Masse, deswegen jetzt besser Einweghandschuhe anziehen.

Erwärmen Sie Ihren Backofen auf 50°C Ober-Unterhitze und stellen ihn wieder aus. Nun geben Sie den Teig in zwei große gefettete Königskuchenformen (30 cm). Sie müssen das mit Hilfe eines Teigschabers tun, da der Teig sehr klebt. Durch Wiegen können Sie feststellen, ob in beiden Formen dieselbe Menge ist. Nun verteilen Sie den Teig mit dem Teigschaber und glätten die Oberfläche mit der Hand, indem Sie Ihren Handschuh mit Wasser befeuchten.

Geben Sie die Formen auf einen Rost und decken sie mit einem Geschirrhandtuch ab. Der Teig muss nun mindestens 50 Minuten im Ofen gehen. An dieser Stelle gleich eine Anmerkung: Mein Roggensauerteigansatz (das Gläschen) ist mittlerweile 10 Jahre alt. Dementsprechend groß ist die Triebkraft. Genug gegangen ist der Teig, wenn er langsam über den Rand schaut. Deswegen immer kontrollieren, denn der Backofen braucht noch ca. 15 Minuten zum Vorheizen, und in der Zeit geht der Teig in der Küche weiter und soll nicht übergehen.

Backofen auf 240°C Ober-Unterhitze vorheizen. Der Rost kommt auf die zweite Schiene von unten. Bevor Sie die Brote reinschieben, mit einem scharfen Messer längs einschneiden. Die Brote werden erst 10 Minuten bei 240°C gebacken. Dann die Temperatur auf 200°C stellen und noch weitere 30 Minuten backen. 2 Minuten vor Ende der Backzeit mit Wasser besprühen. Dabei entsteht der typische Brotglanz. Am besten geht das mit einer Blumenspritze, aber zügig muss es gehen. Tür auf, sprühen, Tür zu.

Brote sofort aus der Form stürzen, wieder umdrehen und auf dem Rost gut abkühlen lassen. Das Brot hält 3 - 4 Tage im Brotkasten. Selbstverständlich kann es auch gut eingefroren werden.

Vollkornbrot

Zutaten für 2 Brote

800 g Roggensauerteig

Kochstück:

720 ml Wasser

150 g Dinkelvollkornmehl

15 g Salz

je 80 g Leinsamen, Sesam und Sonnenblumenkerne

Hauptteig:

12 g Salz

10 g Hefe in 10 ml Wasser auflösen

60 g Kokosblütensirup

100 g Lupinenmehl

100 g Dinkelmehl 1050

400 g Dinkelvollkornmehl

Anleitungen

Den Sauerteig 24 Stunden und das Kochstück 8 – 18 Stunden vor dem Backen herstellen. Den Brotteig knete ich nicht mit der Hand, sondern mit einer großen Küchenmaschine. Dementsprechend setze ich den Sauerteig gleich in der Rührschüssel an.

Für den Hauptteig geben Sie das Kochstück zum Sauerteig (an das Gläschen denken!) und fügen gleich Salz, das Hefegemisch und den Kokosblütensirup dazu. Das Ganze gut verrühren und erst das Lupinenmehl und danach das Dinkelmehl 1050 unterrühren. Das Dinkelvollkornmehl wird untergeknetet. Wenn das Mehl gut verknetet ist, noch eine Minute weiterkneten, aber nicht länger.

Auch dieser Teig ist eine klebrige Masse, deswegen jetzt besser Einweghandschuhe anziehen.

Erwärmen Sie Ihren Backofen auf 50°C Ober-Unterhitze und stellen ihn wieder aus. Nun geben Sie den Teig in zwei große gefettete Königskuchenformen (30 cm). Sie müssen das mit Hilfe eines Teigschabers tun, da der Teig sehr klebt. Durch Wiegen können Sie feststellen, ob in beiden Formen dieselbe Menge ist. Nun verteilen Sie den Teig mit dem Teigschaber und glätten die Oberfläche mit der Hand, indem Sie Ihren Handschuh mit Wasser befeuchten.

Geben Sie die Formen auf einen Rost und decken sie mit einem Geschirrhandtuch ab. Der Teig muss nun mindestens 1 ¼ Stunden im Ofen gehen. An dieser Stelle gleich eine Anmerkung: Mein Roggensauerteigansatz (das Gläschen) ist mittlerweile 10 Jahre alt. Dementsprechend groß ist die Triebkraft. Genug gegangen ist der Teig, wenn er langsam über den Rand schaut. Deswegen immer kontrollieren, denn der Backofen braucht noch ca. 15 Minuten zum Vorheizen, und in der Zeit geht der Teig in der Küche weiter und soll nicht übergehen.

Backofen auf 240°C Ober-Unterhitze vorheizen. Der Rost kommt auf die zweite Schiene von unten. Bevor Sie die Brote reinschieben, mit einem scharfen Messer längs einschneiden. Die Brote werden erst 10 Minuten bei 240°C gebacken, dann die Temperatur auf 200°C stellen und noch weitere 30 Minuten backen. 2 Minuten vor Ende der Backzeit mit Wasser besprühen. Dabei entsteht der typische Brotglanz. Am besten geht das mit einer Blumenspritze, aber zügig muss es gehen. Tür auf, sprühen, Tür zu.

Brote sofort aus der Form stürzen, wieder umdrehen und auf dem Rost gut abkühlen lassen. Das Brot hält 3 - 4 Tage im Brotkasten. Selbstverständlich kann es auch gut eingefroren werden.

Hanfsamenbrot

Zutaten für 2 Brote

1000 g Roggensauerteig

<u>Kochstück</u>:

675 ml Wasser

150 g Dinkelvollkornmehl

10 g Salz

<u>Hauptteig</u>:

14 g Salz

10 g Hefe in 10 ml Wasser auflösen

25 g Kokosblütensirup

100 g Lupinenmehl

100 g Dinkelvollkornmehl

350 g Dinkelmehl 1050

je 50 g Braunhirse-, Buchweizen- und Erdmandelmehl

300 g Hanfsamen geschält

Anleitungen

Den Sauerteig 24 Stunden und das Kochstück 8 - 18 Stunden vor dem Backen herstellen. Den Brotteig knete ich nicht mit der Hand, sondern mit einer großen Küchenmaschine. Dementsprechend setze ich den Sauerteig gleich in der Rührschüssel an.

Für den Hauptteig geben Sie das Kochstück zum Sauerteig (an das Gläschen denken!) und fügen gleich Salz, das Hefegemisch und den Kokosblütensirup dazu. Das Ganze gut verrühren und erst das Lupinenmehl und danach das Dinkelvollkornmehl unterrühren.

Vom Dinkelmehl 1050 werden noch 150 g untergerührt und der Rest untergeknetet. Nun erst die restlichen Mehle und dann die Hanfsamen unterkneten. Nicht länger weiterkneten, da das für die glutenfreien Mehle nicht gut ist!

Auch dieser Teig ist eine klebrige Masse, deswegen jetzt besser Einweghandschuhe anziehen.

Erwärmen Sie Ihren Backofen auf 50°C Ober-Unterhitze und stellen ihn wieder aus. Nun geben Sie den Teig in zwei große gefettete Königskuchenformen (30 cm). Sie müssen das mit Hilfe eines Teigschabers tun, da der Teig sehr klebt. Durch Wiegen können Sie feststellen, ob in beiden Formen dieselbe Menge ist. Nun verteilen Sie den Teig mit dem Teigschaber und glätten die Oberfläche mit der Hand, indem Sie Ihren Handschuh mit Wasser befeuchten.

Geben Sie die Formen auf einen Rost und decken sie mit einem Geschirrhandtuch ab. Der Teig muss nun mindestens 1 Stunde im Ofen gehen. An dieser Stelle gleich eine Anmerkung: Mein Roggensauerteigansatz (das Gläschen) ist mittlerweile 10 Jahre alt. Dementsprechend groß ist die Triebkraft. Genug gegangen ist der Teig, wenn er langsam über den Rand schaut. Deswegen immer kontrollieren, denn der Backofen braucht noch ca. 15 Minuten zum Vorheizen, und in der Zeit geht der Teig in der Küche weiter und soll nicht übergehen.

Backofen auf 240°C Ober-Unterhitze vorheizen. Der Rost kommt auf die zweite Schiene von unten. Bevor Sie die Brote reinschieben, mit einem scharfen Messer längs einschneiden. Die Brote werden erst 10 Minuten bei 240°C gebacken. Dann die Temperatur auf 200°C stellen und noch weitere 30 Minuten backen. 2 Minuten vor Ende der Backzeit mit Wasser besprühen. Dabei entsteht der typische Brotglanz. Am besten geht das mit einer Blumenspritze, aber zügig muss es gehen. Tür auf, sprühen, Tür zu.

Brote sofort aus der Form stürzen, wieder umdrehen und auf dem Rost gut abkühlen lassen. Das Brot hält 2 - 3 Tage im Brotkasten. Selbstverständlich kann es auch gut eingefroren werden.

*Hanfsamen gehören zu den Superfoods. Das bedeutet, dass sie eine extrem hohe Nähr- und Vitalstoffdichte aufzeigen und daher eine ungewöhnliche Vielzahl an positiven Eigenschaften für die Gesundheit haben.

Schlusswort

Ich wünsche Ihnen sehr viel Freude mit meinem Buch. Sie haben hoffentlich keine Probleme mit der Ausführung der Rezepte und es schmeckt Ihnen und Ihren Lieben.

Wenn Sie Lust haben, können Sie mich auch gern einmal auf meiner Website unter www.sabinevoshage.de besuchen. Oder Sie schauen auf meiner Facebook Seite www.facebook.com/sabinevoshage vorbei. Auf beiden Seiten finden Sie immer interessante Neuigkeiten.

Nun möchte ich mich noch bei meinem lieben Mann bedanken der mir, wie beim ersten Buch auch, wieder eine sehr große Hilfe war. Und damit meine ich nicht nur beim Aufessen des vielen Kuchens!

Ich wünsche Ihnen alles Gute und vor allem eine gute Gesundheit!

Ihre

Sabine Voshage

Zeitfracht Medien GmbH
Ferdinand-Jühlke-Straße 7
99095 Erfurt, Deutschland
produktsicherheit@kolibri360.de